Segunda Edición

Pluma en silencio

Xinia Marie Estrada

Xinia Marie Estrada

PLUMA EN SILENCIO

Segunda Edición

Estados Unidos . España . Canadá . Francia. Reino Unido

Obsidiana Press
http://www.obsidianapress.net

Obsidiana Press
http://www.obsidianapress.net

Contacto:
editores@obsidianapress.net
info@obsidianapress.net

Tel.: (917) 853-5095

*A los protagonistas anónimos de mi poesía
y a quienes puedan encontrar su espíritu
volando entre estas páginas.*

PRÓLOGO

Corrían los días amargos de los años ochenta: la gente moría en Nicaragua, El Salvador y Guatemala y aquí algunos soñadores queríamos la paz y también un mundo mejor. De Xinia Marie Estrada sabía que era muy buena estudiante, no solo porque alguna vez fue mi alumna, sino porque en el trabajo partidario que compartimos, pude aquilatar sus cualidades. En ese trabajo nos unía el sueño por un mundo mejor, por placer, por conciencia, convicción e interés por forjar un mundo nuevo. Día y noche Xinia intercalaba la dirección política con miles de actividades partidarias y otras tareas que siguieron mezclándose con las clases de Historia de la Universidad Nacional. No sale de mis neuronas cuando le tocó cuidar a los pacifistas en la marcha internacional por la paz en 1986, la cual fue prácticamente frustrada por grupos fascistoides que alimentaban la guerra de múltiples maneras. Muchos de nuestros sueños se fueron esfumando o haciendo pedazos. De ellos queda su *"Pluma en silencio"*, el primer libro de poemas de Xinia Marie Estrada que se publicó por primera vez en el año 2003.

En los años noventa Xinia se nos desapareció. Se casó con un colega filósofo, Jack Wilson, de la UNA, que la conoció cuando ambos eran militantes y de ellos solo supimos que estaban en Estados Unidos trabajando y haciendo familia. Estudió Historia en la Universidad de Nevada en Las Vegas. Más de veinte años han pasado y Xinia Marie Estrada se ha convertido en una escritora que ha cosechado reconocimientos en varios países. Xinia es la poetisa y narradora costarricense radicada en los Estados Unidos, que pertenece a esa generación de poetas contemporáneos de estilo libre y contenido profundo y sus trabajos han sido merecedores de importantes galardones. Tal parece que ahora lo que busca es momentos para sus poemas y relatos y para conversar y soñar…porque los escritores, poetas y prosistas son soñadores, al igual que muchos que construimos utopías con las que vivimos permanentemente.

Jaime Gerardo Delgado Rojas, PhD
Heredia, Costa Rica

UNA NOTA EN EL SILENCIO

Te prometí mi último pensamiento.
Y, heme aquí, en posición de loto,
con La Voz del Maestro bajo la sábanas,
esforzándome por guardar el mejor de los recuerdos
y acurrucarlo en el rincón de mis secretos.
Te he buscado entre las caras anónimas
que deambulan por mi calle,
mientras la cinta da vueltas una y otra vez
y Silvio sigue soñando - ahora con aviones -.

Mi espíritu está en calma,
olvidaste el encendedor
y te llevaste mi fuerza,
mi razón y mi circunstancia.

Descolgué de nuevo tu camisa
y había una sonrisa pasajera
en la punta de la percha.

Ayer imaginé tu llegada,
atravesaste el umbral
y te miré sin reproches.
Seguiré revolcando tu silencio
y quizá también hoy
pueda soñarte de nuevo.

SI PREGUNTAN POR ELLA

Diles que Ella se fue
cuando sus gritos dejaron de espantarle,
cuando sus puños cerrados, aguantando el disgusto,
ya no le intimidaron.
Si preguntan por Ella,
diles que Ella salió por la puerta del frente,
que al fin pudo enfrentar su mirada severa,
con firmeza y con rabia.
Diles que Ella se fue
el día que dejó de reprimir sus sonrisas,
cuando vio que era tiempo de recoger los pedazos
y pegarlos uno a uno,
cuando salió a la calle sin tener que cubrir con silencio
su asombro ante la vida,
y encontró un nombre propio.
Ese día se fue y si preguntan por Ella
diles que ya no existe.

EXTRAÑA SOLEDAD

Amaneció en tu silencio,
volteando amarga claridad mi noche;
el perfil incrustado en tu silueta,
clamor lejano de la flauta sobria.

Libros, gritos, noches, lluvia cálida,
hurgando entre mi pasado;
luces, rostro marchito por las copas,
revolviendo sábanas y nostalgias.

Amaneció en tu silencio
fumándome las madrugadas,
entre tu olor y mis sueños,
el sabor a café añejo
se me prendió de las sienes.

Amaneció en tu silencio,
extraña soledad, canta el otoño.

ALMA DE PIEDRA

Para cuando ya no estés
voy construyendo un alma de piedra,
un despertar de penumbra,
cobijando mi miedo en el olvido.
Para cuando ya no estés
voy amasando una incógnita en silencio,
despejando mi angustia con tu calma,
adivinando un vacío en la mañana.
Y cuando ya no te sienta
habré inventado el sosiego
para mi espíritu inquieto.
Buscaré tu regazo entre las rocas
y empezaré a soñarte
en el mundo en que ya no te encuentres.

MI CALLE

Hay una calle sin nombre,
no tiene aceras ni palmas;
todos los días desfilan
olorosas las muchachas
que me despiertan cantando
sus ventas de fresco y plátano,
vigorón, nacatamal,
el vaho, sopa de frijol,
chicasquilas y chorreadas.
Son las mismas que de noche
caminan pintarrajeadas
a vender también sus sueños
y ajustar lo que les falta;
alegres las veo venir
silbando en la madrugada,
pedacitos de poema
esconden bajo su falda.
Por mi calle pasan niños
persiguiendo una esperanza,
pregoneros de colores,
delgaditos, desdentados,
no conocieron escuela
mas saben contar los panes,
pequeños trabajadores,
responden cuando les llamo.
Siempre hay un pleito en la calle,

mujeres, hombres y perros
alborotan toda calma,
borrachos, locos, cochones,
contribuyen a adornarla.
Aquí donde todos huyen
se escribió con barro un canto
y en los muros de mi calle
se iluminó la mañana.

A MEDIA LUZ

A media luz divisaría mejor
tu frente arrugada por el cansancio y el hastío.
Madre,
a media luz tu mirada se confunde
con la opacidad de la noche.
Madre de siglos de oprobio,
de dolor y de miseria.
Madre de penas, de trabajo,
de esclavitud y desánimo.
A media luz elevaré mi espíritu
y entregaré en tus brazos
estas ansias de glorificar
mi condición de mujer.

SEMILLAS DE AMOR

Voy a esparcir mi amor por todo el campo;
con trocitos de mi alma cubriré cada hilera
y la noche coqueta, celestina que canta,
serenará el delirio, escapará silbando.
Voy a esparcir mi amor por todo el campo,
atisbaré la lluvia mojando la semilla,
germinará ternura, arrojará nostalgia.
Entre hojitas y espigas que poblarán el prado,
escucharé un corazón a carcajadas.
Al florecer el alba, ahí estaré esperando,
pisaré cuidadosa la tierra aún excitada.
Voy a esparcir mi amor por todo el campo
y recogeré la cosecha hasta encontrarte.

TRANSPARENCIAS

Ella sólo puede recordarse insistiendo,
pidiendo, buscando,
apuñando frustraciones
y envolviendo su sexo en la cobija.
Y cuando los años reflejaron
mil arrugas en los ojos,
se enteró de que siempre estuvo intentando cosas,
escarbando bajo su piel
y estremeciéndose por el ardor
y el dolor de su condición.
-No juegue-,
ahora resulta que no se trataba de darlo todo,
de estar debajo o estar encima,
ni de esmerarse por parecer inteligente,
o correr a maquillarse
cuando escuchaba las llaves en la puerta.
Ella,
todo el tiempo en primer plano,
con la mejor sonrisa
y el ingenio del chiste a flor de labios.
Casi siempre quedaba bien
y él, orgulloso,
parecía que disfrutaba.
Es cierto que el primer año fue el mejor,
tal vez porque su enmarañado mundo
de personita recién descubierta

él lo absorbía.
Ella aprovechaba cada instante
para cautivarle con su plenitud,
se dejaba robar un pedacito de ella misma
todos los días,
pero se volvió transparente.
Nunca se calló nada,
porque había que resolverlo todo,
adivinarlo todo, avanzar en todo.

Entonces ya no volvió a llorar
pues no había por qué llorar.
Quizá llegó a secarse, o a vaciarse.
Ella siempre fue risas,
fue caricias, fue esperanza.
No dejó nunca de cuestionarse,
había que ser mejor
y ese fue un reto que asumió todos los días,
descubrir cosas nuevas,
leer juntos un libro
y hasta comer lo que no le gustaba.
Quería exprimir la vida cada segundo,
ella se henchía de gozo explorando su virilidad
e imaginándose flotar
en la humedad de su misterio.
Y no había que esperar respuestas,

más que arrastrarse con el puño abierto
hasta atraparle y alcanzarlo sin tocarle.
Ella trata de averiguar
cuándo todo empezó a cambiar,
aunque nada cambió,
sólo que se siente diferente
y un aire denso le revienta la garganta,
se palpa en el ambiente
y ella sigue vibrando toda por dentro
cuando le mira.
Siempre fue así y nada ha cambiado,
ella nunca lo tuvo y siempre lo supo.
El siempre estuvo ausente y ella fue el chiste.
Ella nunca calló y él nunca ha hablado.
Como si ayer fue su mañana
y nadie culpa.

HOY BUSCO UNA ESPERANZA

Hoy busco una esperanza para vos, para mí;
busco en la nostalgia del ayer
y la incertidumbre del presente,
la grandeza del mañana.

Quiero buscar con vos,

igual que antes comenzamos
la difícil tarea de encontrarnos.

Busco una esperanza para ellos,
para quienes no tuvieron pan
sino ilusiones;
para todos los que insistieron,
los que perdieron, los que ahí están.

Los que nos dieron, los que pidieron,
los que nunca pudieron encontrar.

MUCHACHAS

Un canto en la madrugada
entre "alerta" y "paso firme",
vigilancia, la defensa,
el trabajo voluntario.
Las muchachas despeinadas
aprendieron a escribir,
comprometieron sus vidas
y decidieron partir.
En la mochila metieron
sus sueños de colegialas,
una foto, un cuaderno,
alguna estampa de un santo,
la bendición de la madre
y colgaron el fusil.
Las abrazó la montaña,
se consumieron al sol,
lloraron de noche,
temblaron de día,
desearon huir,
soñaron vencer.
Hasta que un día la tierra
recogió su corazón.

TIEMPOS DE GUERRA

Y finalmente vino el estallido,
fuerte e infinito como la explosión original;
desesperó el tirano y eliminó
a la última mariposa de la faz de la tierra.
Se ahuyentaron los quejidos del débil,
la prepotencia del grande
y los pronósticos del sabio
en los anales de la historia.
Se acabó el tiempo y no hubo tiempo
de claudicar o de triunfar;
se fueron todos, enloqueciendo en sus propios vicios,
desafiando hasta sus más inocentes temores,
cerrando los ojos para no sentir
cómo el mundo se derrumbó a sus pies
hasta desaparecer en el tiempo
y con el tiempo
hasta la última mariposa.

DESPEDIDA

En lo oscuro de la noche,
una rampa, lo infinito,
se dibuja un pensamiento
y se adivina un adiós.
Dos cuerpos que tiritaban,
cobijados por el miedo,
se enredaron en el tiempo
y escondieron el dolor.
Rodaron entre la escarcha,
confundieron sus sentidos
y pensaron que la vida
terminaba en el olvido.
Y en el fondo de un abismo
hay dos luces que se apagan
con las flores y los versos,
las lágrimas y los besos,
la esperanza y ... el amor.

AUTORRETRATO

Tengo la faz a tus pies,
frente erguida, cordillera,
cálida luna, ígnea tez,
mano fuerte, litosfera.
Corazón, calor de magma,
fría luz, alma otoñal,
vendaval, piel animal,
temporal, cabeza esférica.
Soy reflejo, sedimento,
cal y arena, monumento,
giro en vano, pavimento,
sol de marzo, no detengo.
Mineral, flores y pastos,
primavera, mar, rebaños.
Regenero las quebradas,
tibia sal, volcán y sierra.
Tengo la faz a tus pies,
soy tu casa, soy la Tierra.

COMO SI TE TUVIERA

Estoy llena de vos,
me invade cada milímetro de tu piel,
como si mi vida entera quisiera recibir
completamente la tuya.
Siento tu sangre en la mía,
como si todo mi cuerpo esperara
docenas de caricias.
No quiero más, no intento nada,
sólo te tengo cual esperanza
que atrapa un pedacito de verdad.
No importa ayer ni mañana,
como si el tiempo mi invitara
a aprovechar el momento
y robar tus pensamientos,
absorber tus sentimientos,
arrebatar tu existencia.
Estoy llena de vos
como si de repente pudiera fundirte en mí,
como si lograra involucrarte en mi realidad,
como si fueras parte mía.
Estoy llena de vos,
como si te tuviera.

SOLEDAD

Me gustaría decirte
que siento deseos de escapar,
que me veo presionada,
vacía y limitada;
que no tengo fuerzas para intentar,
que los días pasan
y no encuentro nada.

Que me cansé ya de llorar,
porque mi grito lo atrapó el silencio,
que ya pasó aquel tiempo de soñar,
que mis palabras se las llevó el viento.

Me gustaría decirte que te amé,
aunque no quiero ya mirar atrás,
que descubrí que todo cambia, que fue ayer
cuando viví y hoy vive en mí la soledad.

BEJUCO TALAMANQUEÑO

Tentado por la labia
del que vino a conquistar,
resistiendo ante los salmos,
evangelios y cantares,
te protegieron las palmas,
los páramos y las lanas.
Sin más oro que tu carne
te amarraste a tu miseria,
la familia, los remedios,
abonando con tu sangre
la tierra brava.
Ocultaste tus misterios
bejuco talamanqueño
y ahí estas con tus hechizos
apartado y olvidado
quinientos años después,
con tus dioses, tus colores,
tus tinamastes calientes.
Otros inventan tu historia
y aquí estás vos, pueblo indio,
bejuco talamanqueño.

AMANECERES ROTOS

Hoy mi canto se apaga entre gritos ahogados
y miles de palabras flotan en el tiempo
sin ser leídas;
un día más sin noticias y cientos de amaneceres rotos
envueltos en papel,
aparecen hurgando entre nostalgias
suspiros olvidados,
noches vanas,
recuerdos que quedaron
en esta torpe ansiedad que llevo dentro.

MANUELA

Manuela se fue p'al río
cantándole al sol y al aire,
fue a lavar su ajuar de novia
y a refrescarse la cara.
Camino de la quebrada
algo le salió a su paso.
Manuela volvió del río
con la mirada partida,
la canasta bien vacía,
caminando muy despacio.
¿Qué le pasaría a Manuela
la víspera de casarse,
pues trae el alma escondida
y el vestido desgarrado?
La madre desconsolada:
-Gracias a Dios que volvió,
peor que se hubiera perdido,
peor que nunca regresara-.

SE ME OLVIDABA

Se me olvidaba decirte
que me tizné el vestido
y me quemé el delantal,
mas tu ropa bien planchada.
Se me enchilaban los ojos
con el humo de la leña,
chocaba con los horcones
del ranchillo a media luz,
pero la comida a tiempo.
No te lo había reclamado:
el polvazal del verano
y las goteras de invierno;
era yo quien me empapaba
y andaba sucia, hasta el cuello.
Se me olvidaba acordarte
que yo encendía el fogón,
conseguía de noche el agua,
corría de un lado a otro
y, según vos, no trabajaba.
Esto, sin contar los hijos
porque han sido sólo míos,
a vos nunca te fregaron,
ni siquiera te encontraron.
Y yo, demasiado vieja,
bien curtida y medio tonta,
para vos, gorda y añeja,

escondida y olvidada,
cambiada por cualquier cosa.
Se me olvidada decirte
que tras esa puerta dejo
lo único que construiste:
un puñado de desprecio,
pues me llevo la esperanza.

MIEDO

Tengo miedo de todo,
porque el miedo es lo posible,
la incertidumbre de ser,
la agonía de vivir.

Tengo miedo de estar,
porque el miedo es creer
y la vida temer.

Creo que todo es pasar,
inevitable pensar
que imposible es vencer
y el miedo es batallar.

VACÍO

Alcé mis manos sin alcanzarte,
busqué tu cuerpo
y me encontré acariciando
la almohada fría,
impregnada de tu olor.

Grité
y mi voz se estrelló en la nada.

Me consumí en el silencio
no más vacío que mi propia vida.

Y una vez más he muerto.

MUJER

No te doblegues, pisa firme,
que tu espacio es intocable;
que no te venza el miedo
ni te domine el silencio.

Habla fuerte, sin temores,
pues tu voz hoy sí se escucha;
dilo con calma, segura,
que la rabia no te ciegue
ni tu llanto te traicione.

No te rindas, no te caigas,
que no te atropelle el tiempo
o los gritos te dobleguen.

Ya no calles, mujer,
este es el día,
no te rindas, porque hoy
ya no estás sola.

UNA SONRISA EMBUSTERA

S e fue tu juventud sin percatarte,
surcaron en tu rostro las heridas,
el trabajo, el invierno, la distancia.

Se fue tu juventud sin darte cuenta,
una sonrisa embustera, se fijó eterna en tu cara.

Se te olvidó que los años, no perdonan cuando pasan
y envejecieron tus sueños, sin un beso, sin un canto.

INVISIBLE

Sabía que volvería
aunque prometió no hacerlo;
esta vez no impresionó,
no palpitó el corazón,
no se inmutó ni un sentido.
Apareció tal cual era,
con sus miradas extrañas
y falto de toda mística,
el mismo no involucrarse
por no poder asumir.
Regresó después de tanto,
mejor no hubiera venido,
vino de nuevo a ignorarme
pero se tornó invisible.

TE VI LLEGAR

Te vi llegar,
escondido entre tus botas, tu chamarra
y el sombrero de trabajo.
Apareciste,
para espantar los fantasmas de viejos amores
que aún cabalgaban en mis noches.
Llegaste,
cuando las musas se habían esfumado
y el lápiz descansaba perezoso en una esquina.
Y tu rostro tuvo un nombre,
que se quedó en mis entrañas,
desde entonces, para siempre.

DIANA ROSADA

Diana Rosada preguntaba dónde vive la guerra.
Se lo dijo al gato que le tiraba besos
por encima de la tapia.
Lo murmuró entre las rosas serenadas por el amanecer.
Interrogó a los suaves rayitos de sol
que iluminaban sus brillantes alitas
al despertar.
Diana frágil,
Diana suave.
-A lo lejos, a lo lejos -
parecían decir todos.
¿Por qué nadie entendió su lenguaje de mariposa?
Diana magia,
Diana gloria.
Irrumpió con los alisios y sintió la guerra en el miedo,
en la crisis, la escasez;
la adivinó en el hambre, la desesperanza y el "quién sabe ".
La vio en el tumulto rotulado con "devaluación", "desem-
pleo".
La escuchó en el desajuste proclamado como ajuste.
Diana enigma,
Diana luz.
Buscó al sabio búho pisapapel.
-¿Dónde vive la guerra?
¿ Estará acaso en la página quince,
pues todo el mundo la evade? -

-La guerra está muy cerca-
contestaba el sabio.
La escucho cuchichear arriba del muro.
La atiza el tirano y la alimenta el débil.
La empuja el corazón apabullado por la dificultad.
Asoma sus garras entre los ojos del hambre y la miseria.
Se levanta sobre la impaciencia y el ansia de libertad.
Se anima con el poder,
descansa en la impotencia y la frustración.

La veo venir,
está más cerca de lo que puedes ver.
Diana chispa,
Diana impetuosa.
Diana Rosada quiso saber
si aún estaba a tiempo de buscar un poco de miel.
Esta vez el silencio fue la respuesta,
por siempre.

Demasiado rosa,
demasiado bella,
demasiado complicada,
Diana Rosada.

ISABEL

Vago entre las multitudes,
adivino entre cien caras tus facciones,
tus rasgos finos, Isabel, tu porte erguido.
Pronuncios monosílabos cansados,
no me escuchas,
sigo tu risa entrecortada, tus quejidos,
no respondes
y el día se me acaba sin palabras.
¿Adónde fuiste, Isabel, con tus sollozos?,
¿En qué órbita navegarán
ahora tus poemas,
tus sordas melodías?
No me destroces, no te caigas,
no te escondas.
Sigue escribiendo, Isabel, no me abandones.

INVIERNO EN BLANCO

Sombrío y solitario
   mi espíritu descansa
   entre estas tierras frías,
cubiertas por el blanco
del sol ausente
y nieve de tu olvido.
Claro el cielo,
blanco el recuerdo de tu rostro
y tu misterio,
en este invierno de cipreses y silencios,
todo blanco alrededor
y si fuera negra la nieve,
qué triste sería esta tierra
cobijada de inviernos y recuerdos.

PARA QUE EL AMOR NO MUERA

Voy a empacar tus sueños,
los recuerdos, tu poesía,
para no olvidarte.
Para que mi amor no muera,
empujaré en mi valija tus camisas,
tu colonia, el sexo atormentado,
las noches blancas, tus canciones,
los atardeceres de invierno
acurrucada en tus brazos.
Para que tu amor se quede
esconderé los llantos,
mis tristezas,
las madrugadas de insomnio,
la incertidumbre, el canto ahogado.
Voy a buscar mil lunas
y a remover tus huellas,
a reinventar tu lucha, mi ambición,
el calor de tus brazos.
Y que siempre regreses
y que el amor no muera.

PAPÁ HUELE A MADERA

Papá huele a madera,
a pino fresco, caoba amarga;
huele a café de la mañana,
con savia espesa de los troncos fríos
que asierra hasta el cansancio.
Papá corta el roble viejo y el cedro duro,
ciprés y copalillo, cristóbal y guayabo
todos los días;
cepilla los trozos de cenízaro
que aplana con la sierra
y el sudor de la tarde.
Papá huele a aserrín,
huele a montaña y a quebrada.
Papá deja su aliento en el aserradero
todas las madrugadas,
se alumbra con candiles cuando la luz del sol
no aguanta la jornada.
Papá trae la leña, desde el aserradero
y calienta la casa,
es por eso que él huele
a pino fresco, a cedro y roble,
huele a caoba y a nostalgia.

PLUMA EN SILENCIO

Por lo duro de la jornada,
por la soledad de la noche.
Porque sigo fumando en las mañanas
en busca de una llama
y alumbrarte.
A vos, por quien lloré
y a quien oí gritar
la angustia del despertar.
De vos miré esculturas,
pisé harapos;
por vos sentí clamar,
creí cantar.
Pero a vos te vi ahí en tu puesto,
ágil, pendiente,
descalzo y combatiente.
A vos nunca te vi echar atrás,
a vos te vi siempre dispuesto,
hacha en mano, corazón al viento,
varilla en alto, aguja en frente,
pedal atento, pluma en silencio
y, ¿ por qué no?, fusil expuesto.
A vos, pueblo querido, hermano mío.

ÍNDICE

Pluma en Silencio

Prólogo |7

Una nota en el silencio |9

Si preguntan por ella |10

Extraña soledad |11

Alma de piedra |12

Mi calle |13

A media luz |15

Semillas de amor |16

Transparencias |17

Hoy busco una esperanza |20

Muchachas |21

Tiempos de guerra |22

Despedida |23

Autorretrato |24

Como si te tuviera |25

Soledad |26

Bejuco talamanqueño |27

Amaneceres rotos |28

Manuela |29

Se me olvidaba |30

Miedo |32

Vacío |33

Mujer |34

Una sonrisa embustera |35

Invisible |36

Te vi llegar |37

Diana rosada |38

Isabel |40

Invierno en blanco |41

Para que el amor no muera |42

Papá huele a madera |43

Pluma en silencio |44

Colofón

Esta Segunda Edición de
Pluma en Silencio, de Xinia Marie Estrada
se terminó de impimir en junio de 2020
en West Virginia, United States *por*
Obsidiana Press
http://www.obsidianapress.net
E-mail:
editores@obsidianapress.net
info@obsidianapress.net

Made in the USA
Middletown, DE
07 June 2020